Lenguaje corporal

Habilidades de comunicación no verbal para atraer a las mujeres

(Aprenda los sentimientos de otros y el significado de su lenguaje corporal)

Neri Haro

Publicado Por David Kruse

Lenguaje corporal: Habilidades de comunicación no verbal para atraer a las mujeres (Aprenda los sentimientos de otros y el significado de su lenguaje corporal)

ISBN 978-1-989744-38-3

Este documento está orientado a proporcionar información exacta y confiable con respecto al tema y asunto que trata. La publicación se vende con la idea de que el editor no esté obligado a prestar contabilidad, permitida oficialmente, u otros servicios cualificados. Si se necesita asesoramiento, legal o profesional, debería solicitar a una persona con experiencia en la profesión.

Desde una Declaración de Principios aceptada y aprobada tanto por un comité de la American Bar Association (el Colegio de Abogados de Estados Unidos) como por un comité de editores y asociaciones.

No se permite la reproducción, duplicado o transmisión de cualquier parte de este documento en cualquier medio electrónico o formato impreso. Se prohíbe de forma estricta la grabación de esta publicación así como tampoco se permite cualquier almacenamiento de este documento sin permiso escrito del editor. Todos los derechos reservados.

Las marcas registradas utilizadas son sin ningún tipo de consentimiento y la publicación de la marca registrada es sin el permiso o respaldo del propietario de esta. Todas las marcas registradas y demás marcas incluidas en este libro son solo para fines de aclaración y son propiedad de los mismos propietarios, no están afiliadas a este documento.

TABLA DE CONTENIDO

Parte 1 1

Introducción 2

Capítulo 1: Detección De Mentiras A Través De Las Expresiones Faciales 4

Capítulo 2: Detección Del Engaño A Través Del Lenguaje Corporal 11

EMBLEMAS 12
ILUSTRACIONES 13
IMITACIÓN 14
LO QUE EL CUERPO EVIDENCIA 16

Capitulo 3: Indicadores Verbales De Las Mentiras 19

ESTRUCTURA DE LA EXPRESIÓN 19
FUGAS VERBALES 23
CALIDAD VOCAL 24
ACTITUD 25

Capítulo 4: Consejos! Y Las Mentiras Que Quieres Escuchar 27

LAS MENTIRAS QUE QUIERES ESCUCHAR 28

Capítulo 5: Algunos Ejemplos De La Vida Real Del Lenguaje Corporal De Los Mentirosos 32

CAMBIOS RESPIRATORIOS 32
CAMBIOS EN LA PIEL 36
SUDOR 39
CAMBIOS DE POSTURA 42
ENCOGIÉNDONOS DE HOMBROS 47
INCLINARSE HACIA ATRÁS 49
INCLINARSE HACIA ADELANTE 51
INQUIETARSE O QUEDARSE DEMASIADO QUIETO 54
CAMBIOS EN LA POSICIÓN DE LA CABEZA 57
EL CABAZAZO TORPE 58

La Cabeza Arqueada.. 60

El Trago Gordo... 63

Ocultar Las Manos Y Brazos....................................... 65

Conclusión... 67

Parte 2.. 68

Introducción.. 69

La Psicología Del Lenguaje Corporal............................ 70

Primeras Impresiones 75

Construyendo Entendimiento 78

Importancia Del Adecuado Apretón De Manos 79

Ejercicio Para Ti:.. 83

El Lenguaje Corporal De Los Líderes 85

Negociación... 90

Negociando Bajo Presión 94

Ejercicio Para Ti: 97

Como Enfrentar Situaciones Difíciles Exitosamente 99

¿Como Saber Si Le Gustas A Alguien? 108

¿Como Gustarle A Alguien?.. 112

Como Estamos Influenciados Por Nuestras Propias
Expresiones No Verbales 115

Conclusión.. 120

Parte 1

Introducción

Hola, quiero agradecerte y felicitarte por descargar el libro, Este libro contiene pasos y estrategias probadas sobre cómo separar fácilmente la verdad, la honestidad y los hechos; de las mentiras, la deshonestidad y la ficción. Descubre los secretos que la gente te está ocultando.

Sé lo que es ser herido por las mentiras de otra persona. Es cruel y confuso y los efectos del engaño son profundos. Muchas veces antes, me he quedado angustiado por lo que me pareció una injusticia. El engaño estaba, y sigue estando, a nuestro alrededor. Lo vemos en el romance, las asociaciones de negocios, los vecinos, la familia, los medios de comunicación, los jefes, los políticos, las figuras religiosas, y en la sociedad en su conjunto. Pero ver esta deshonestidad y no aprender a manejarla es un perjuicio para nosotros mismos. Decidí ponerme de pie y tratar de iluminar la honestidad. A través del tiempo y la dedicación aprendí a dejar de mentir. En este libro, quiero enseñarte cómo saber si alguien está mintiendo. Las señales pueden ser evidentes como también ocultas, pero no importa qué, pueden ser detectadas. Identificarlos puede llevarnos a superarlos y a protegernos a nosotros mismos y a nuestros seres queridos de ser conducidos por un camino de dolor. Ya sea que resuenen con algunos, todos o ninguno de mis pensamientos, creo honestamente que este libro puede ayudarle a descubrir la verdad y el engaño en la gente.

¡Sigue leyendo para destapar la verdad!

¡Gracias de nuevo por descargar este libro, espero que lo disfruten!

Capítulo 1: Detección de mentiras a través de las expresiones faciales

El renombrado psicólogo Paul Ekman ha seleccionado nueve indicadores faciales como pistas confiables para el engaño o las mentiras.

1.   Micro expresiones: En sus estudios, Ekman fue capaz de detectar expresiones involuntarias que pueden aparecer en la cara de cualquier persona durante una fracción de segundo. Ekman llamó a estas expresiones micro faciales "filtraciones"; son el verdadero sentimiento de cualquier persona.

P. ¿Puedes trabajar unas horas más hoy? Un cliente importante acaba de llamar y pidió trabajo adicional.

R. Absolutamente! No hay problema.

Micro expresión: La cólera aparece momentáneamente en tu cara mientras piensas: "No me gusta hacer trabajo extra".

Las micro expresiones son sutiles y minúsculas, pero si prestas mucha atención, puedes detectarlas fácilmente.

Aunque el orador no lo sabe, está haciendo una señal clara en su cara que dice: "Estoy a punto de mentir".

2.   Expresiones forzadas: El segundo indicador facial de mentiras ocurre cuando una persona está tratando de ocultar sus emociones, pero a diferencia de la micro expresión, una expresión aplastada incluye la señalización de múltiples emociones, y a menudo se realiza a propósito. Por ejemplo, tienes un miembro molesto en tu grupo de libros, te gusta ayudarlo, pero a veces no puedes evitar gritarle y es por eso que tu sonrisa forzada hacia él se convierte en una mueca. Cuando alguien quiere ocultar sus verdaderas emociones, tratará activamente de encubrirlas con otra expresión. En la mayoría de los casos la expresión de enmascaramiento es una sonrisa. Una sonrisa es la expresión facial voluntaria más fácil que una persona puede hacer y a menudo se utiliza para disfrazar sentimientos negativos.

3.   Patrones musculares fiables: Los patrones musculares confiables son la tercera indicación para que tú midas si

alguien está mintiendo o no. Algunos músculos faciales son fáciles de controlar, como las cejas, pero los músculos confiables no son fáciles de controlar. El músculo orbital del ojo, que tensa los párpados y crea patas de gallo en las esquinas exteriores del ojo, es realmente difícil de mover deliberadamente a una "posición de sonrisa" perfecta. Como regla general, sólo la felicidad genuina en una persona puede producir una sonrisa genuina. La cara de una persona debe estar comprometida cuando sonríe. Si está juzgando la sinceridad de una sonrisa, mira la combinación de las esquinas de los labios estirados, los labios estirados y los músculos tensos de las mejillas. Si usted no ve las patas de gallo alrededor de los ojos también, lo más probable es que sea una sonrisa falsa. Si quieres saber si una persona está realmente arrepentida o afligida, la barbilla inmóvil y los labios caídos son los signos de un patrón muscular fiable que lo indica. El estudio cuidadoso de toda la cara es crucial para detectar el engaño.

4.   Intervalo de parpadeo: Los buenos mentirosos son hábiles para mirar a los ojos de sus oponentes. Contrariamente a la creencia popular, las frecuencias de parpadeo son un indicador mucho más útil de honestidad que el contacto visual. El parpadeo puede ser deliberado o involuntario, pero las personas que están tratando de engañar a menudo parpadean más de lo que parpadean cuando dicen la verdad.

5.   Dilatación de la pupila: La dilatación de la pupila es un indicador fiable de la emoción de una persona. Una pupila dilatada inusualmente grande indica que la persona está exaltada. Básicamente, nadie puede controlar el tamaño de sus pupilas. Una persona con pupilas anormalmente dilatadas puede estar sintiendo ira, miedo u otras emociones que no puede ocultar.

6.   Lágrimas: Las lágrimas son indicadores muy obvios de emociones como la tristeza, la angustia y, en algunos casos, la felicidad o la diversión. Para la mayoría de nosotros, las lágrimas simplemente muestran que

uno siente mucho por algo. Para algunas personas, las lágrimas no son difíciles de fingir. Así que tome nota de las lágrimas, pero no llegue a una conclusión basada sólo en ellas.

7.   Expresiones asimétricas: Con la excepción del desprecio, la emoción genuina usualmente se presenta de manera bastante simétrica. Cuando una persona hace una expresión deliberada, a menudo está desequilibrada. Tendemos a anular los movimientos naturales de nuestros músculos faciales mientras intentamos expresar una emoción que en realidad no sentimos. Como resultado, surge una expresión asimétrica como una fosa nasal ligeramente levantada o una sonrisa torcida. Las expresiones asimétricas son relativamente fáciles de detectar incluso para un principiante. A diferencia de otras expresiones, la expresión de desprecio está cargada de significado. Una expresión despectiva normalmente significa sentirse moralmente superior a los demás. Usted

puede detectar el desprecio en la cara de una persona a través del giro de los ojos, una arruga en la nariz o una fosa nasal levantada al lado de un labio superior encorvado.

8.   El momento adecuado: El momento preciso de una expresión facial en relación con otras expresiones vocales o corporales puede ser revelador. Los verdaderos indicadores emocionales de una persona suelen expresarse simultáneamente, mientras que los indicadores artificiales se producen en rápida sucesión. Por ejemplo, una persona que finge estar enojada puede cruzar los brazos y luego fruncir el ceño. Si realmente está enojado, el movimiento de los brazos y el ceño fruncido habría ocurrido al mismo tiempo.

9.   Duración: La duración de una expresión es relevante para detectar una mentira. Las expresiones genuinas de emoción suelen durar menos de cinco segundos y rara vez persisten más de diez segundos. Una sonrisa prolongada es probable que oculte ansiedad, ira u otra emoción negativa; también indica que

podría estar tratando de averiguar qué decir a continuación.

10. Intuición: Detectar mentiras implica más que observar las expresiones faciales. Los indicadores faciales son indicadores confiables, pero obviamente tú entiendes que una sonrisa torcida de alguien no lo convierte en un mentiroso. Una investigación llevada a cabo por la Universidad de Northwestern demostró que a veces, sin darse cuenta de ninguna micro expresión, nuestra actividad cerebral se ve afectada por la apariencia fugaz de la cara de alguien. Esto cambia nuestra percepción y comportamiento hacia otra persona. En otras palabras, el hecho de que no identifiquemos una micro expresión no significa que no sintamos inconscientemente el engaño.

Confía en ti mismo y si tu instinto te dice que alguien no está siendo honesto contigo y te está dando una sonrisa asimétrica o parpadeando mucho, ¡cuidado!

Capítulo 2: Detección del engaño a través del lenguaje corporal

Lo que los interrogadores profesionales y otros observadores de mentiras realmente buscan cuando observan el lenguaje corporal de alguien se conoce como "fuga emocional". A menudo somos conscientes de cómo nuestra cara muestra emoción, y tratamos de controlarla. Una persona que está preparada para mentir puede darse cuenta de que estará nerviosa mientras habla y tratará de evitar mostrar ansiedad y parecer relajada. El problema para los mentirosos es que no siempre podemos anticipar nuestros sentimientos; nuestras emociones nos cogen por sorpresa. Esto es especialmente cierto cuando se nos dice o se nos pregunta algo para lo que no estamos preparados.

Las tres grandes fugas emocionales

o Emblemas

o Ilustraciones

o Imitación

Emblemas

El signo en "V" que haces con los dedos o el "dedo" que ofensivamente le haces a un tipo egoísta o la señal de mano en alto que le das a alguien cuando necesitas un ascensor, son emblemas. Los emblemas son señales que tienen un significado independiente sin palabras habladas. Son específicos y deliberados y pueden reemplazar completamente una frase o una palabra.

La expresión genuina de una persona suele ser equilibrada, pero las expresiones artificiales suelen estar desequilibradas. Lo mismo puede decirse de los emblemas, cuando los mentirosos usan emblemas, suelen estar incompletos o ejecutados con torpeza. Un encogimiento de hombros naturalmente equilibrado significa "No me importa o no sé". Un encogimiento de hombros a medias puede indicar deshonestidad.

Cuando un gesto o emblema parece poco natural o desequilibrado, esto puede revelar que alguien está tratando de ocultar sus verdaderos sentimientos. Un empleado que dice que no está molesto con nada, pero que muestra una señal de "sí" reacio, probablemente no está siendo honesto sobre lo estresado o enojado que se siente. Los emblemas difieren de un país a otro y de una cultura a otra. Así que no juzgues a la gente de otro país o cultura basándose en los mismos emblemas.

Ilustraciones

Los ilustradores son signos y gestos que están directamente relacionados con el habla. Se utilizan para resaltar un punto hablado, para repetir o dar importancia a su significado. A diferencia de los emblemas, los ilustradores no pueden valerse por sí mismos; nosotros los utilizamos para resaltar nuestras palabras. Por ejemplo, si alguien te pregunta por la dirección de la cafetería más cercana y sólo apuntas con la mano, usas ilustraciones.

Al igual que los emblemas, el uso de ilustradores tiende a declinar cuando alguien intenta mentir. Cuando una persona está pensando mucho sobre lo que está diciendo, su enfoque está en crear y preservar su historia a través de las palabras. No tiene ningún apego emocional a lo que está diciendo. Los ilustradores surgen de la emoción genuina detrás de las palabras, cuando la emoción y los sentimientos no están ahí, el gesto también está ausente.

Imitación

El imitar es una forma de mostrar que te sientes cómodo con otra persona. Cuando una persona se sienta cómoda en tu presencia, copiará o reflejará tu lenguaje corporal y mostrará señales posturales de que está participando en la conversación. Se inclinará en la silla de la misma manera que tu o se inclinará cuando tú lo hagas, o sonreirá cuando tú sonrías.

Durante el transcurso de una discusión, las personas que se sienten cómodas con la presencia del otro sincronizarán aproximadamente su tono de voz, sus patrones de habla e incluso su respiración. Ya que el imitar es fácil de realizar, muchos sitios web para citas y libros sugieren que las personas imitan los movimientos corporales y el comportamiento de sus compañeros. La imitación es fácil de lograr, pero los mentirosos a menudo son detectados porque no reflejan su comportamiento.

Cuando alguien está tratando de evitar comunicarse o sentirse incómodo, hará gestos que son totalmente opuestos a los tuyos, como si te apoyaras en el sofá, pero tú contraparte permanecerá quieta y no se relajará. Él te dará respuestas a tus preguntas, pero es muy posible que esté tratando de engañarlo. Permítase tener una visión clara del cuerpo, las piernas y especialmente la cara de una persona cuando se le juzgue por un posible engaño. Esto aumentará tus posibilidades de detectar mentiras.

Lo que el cuerpo evidencia

Lo siguiente son ocho claves de lenguaje corporal para observar y entender:

1. Asiente con la cabeza: El emblema de asentir con la cabeza que los estadounidenses conocen como una señal de "Sí" mientras alguien habla, normalmente significa "Sí, te escucho" y no necesariamente "Sí, estoy de acuerdo contigo".

2. Palmas abiertas: Una postura que incluya palmas abiertas y volteadas no es amenazante sino acogedora. Indica honestidad y receptividad hacia el interlocutor. Por otro lado, la autoridad del proyecto de las palmas hacia abajo y las palmas ocultas significan que oculta algo.

3. Formar una campana con las manos: Durante una conversación, el hecho de que los dedos se toquen ligeramente entre sí en forma de campanario de la iglesia es una forma simple y no verbal de mostrar confianza, incluso superioridad. Este gesto puede ser positivo o negativo.

4. Un apretón de manos con la palma

hacia abajo: Un movimiento favorito de una persona segura y dominante es presentar la palma de la mano hacia abajo para un apretón de manos, poniendo instantáneamente a su oponente en una posición de sumisión.

5. Brazos cruzados: Una posición de brazos cruzados (al revés de las palmas abiertas) indica una actitud negativa o defensiva.

6. Cruce de tobillo: Al igual que los brazos cruzados, el gesto decruzar las piernas sugiere incertidumbre, repliegue o miedo. Se ve a menudo en las salas de interrogatorios o en las sillas de los dentistas.

7. Postura de piernas separadas: El aspecto de los atletas y jugadores profesionales antes del partido, este gesto predominantemente masculino resalta la zona de la entrepierna y sugiere dureza y dominio.

8. Recoger pelusas: cuando una persona se da la vuelta para recoger cualquier pelusa real o imaginaria de su ropa, esto sugiere que desaprueba o está en desacuerdo con

lo que está viendo o escuchando.

Detectar mentiras no se trata sólo de micro expresiones y lenguaje corporal; es necesario analizar las palabras reales de una persona. En el próximo capítulo, vamos a discutir todo sobre el tema.

Capitulo 3: Indicadores verbales de las mentiras

Mentir es un trabajo duro. Según el investigador sueco Aldert Vrij, "los mentirosos tienen que pensar en respuestas creíbles, evitar contradicciones y decir una mentira que sea consistente con todo lo que el oyente sabe o puede averiguar". Tienen que hacer todo esto sin cometer errores y sin mostrar nerviosismo. Para detectar los indicadores verbales de mentira, los analistas de engaño prestan mucha atención a cuatro características del habla:
· Estructura de la expresión
· Fugas verbales
· Calidad vocal
· Actitud

Estructura De La expresión

La estructura de la expresión de una persona -su elección exacta de frases o palabras- es un buen indicador de un posible engaño. Sin embargo, hay que recordar una cosa: cualquier factor mental o físico, como el estrés, la fatiga, el hambre, la preocupación por un miembro de la familia, etc., puede afectar la forma en que alguien se expresa la persona.

Hay varios tipos de declaraciones que los mentirosos usan para desviar sospechas o evadir preguntas:

Expresiones de loros: Cuando le haces una pregunta a alguien y él te la repite, puede que se esté demorando para ganar tiempo y pensar en cómo quiere responder. Por ejemplo, si preguntas "¿Dónde estuviste anoche? y escuchas: "¿Dónde estuve anoche? Estaba en casa de mis padres", presta atención. No obtuviste una respuesta simple, como: "Estaba en casa de mis padres".

Expresiones de culpabilidad: Una expresión de culpabilidad es una táctica que los mentirosos usan para ponerte a la defensiva. Supongamos que le pregunta a uno de sus empleados cuál es la salida que suele usar cuando se va después del trabajo. Y ella sigue con la ofensa y dice: "No te preocupes, no me iré temprano."

Expresiones de protesta: Una mentirosa

usa una declaración de protesta y le recuerda que su historial demuestra que es una empleada honesta y obediente.

P: "¿Qué salida utiliza habitualmente cuando sale del edificio después del trabajo?

R: Normalmente la puerta trasera. He sido un empleado trabajador y honesto durante 5 años. ¿Por qué me haces este tipo de preguntas?

Muy pocas o demasiadas expresiones: En un par de segundos antes de que cualquier persona se prepare para responder a una pregunta, ella juzgará consciente o inconscientemente cuál será la mejor respuesta posible. Podría decir demasiado poco como "no mucho" "o "no interesado". Otras veces, ella puede responder con una respuesta larga y ocultar el hecho real de laafirmación.

Reforzar las expresiones: Los mentirosos deliberadamente quieren sonar convencidos y serios. Ellos añadirán frases como:

"Juro por Dios que anoche estuve con Jon"

"A decir verdad, también pensé que estos

números no cuadran."

Los psicólogos han encontrado que los mentirosos a menudo usan estas frases cuando tratan de evitar la sospecha.

Expresionesdistantes: A nadie le gusta pensar que es un tramposo, un mentiroso o un criminal. A menudo hacemos todo tipo de gestos mentales y verbales para evitar un escenario como este. Por ejemplo, un vendedor que intenta vender un portátil inferior podría decir "este modelo es muy popular, se vende todo el tiempo". Nótese que el vendedor evita usar "yo" y se saca totalmente de la conversación. Un vendedor honesto diría: "Sé que es un modelo muy popular, lo vendo todo el tiempo". Las declaraciones distantes son un sello distintivo del discurso deshonesto.

Eufemismos: Los eufemismos son también una forma de distanciamiento del lenguaje. Una persona honesta que se enfrenta a una pregunta directa como: "¿Robaste mi dinero?" contestará directamente: "¡No te robé nada!". Sin embargo, un culpable podría responder:

"Yo no te quité nada". Note la sospechosa falta de emoción en su negación. Además, la persona ha cambiado la palabra "robar" por la moderada "tomar", una posible señal de que te está mintiendo.

Fugas verbales

Las fugas verbales son básicamente los errores que las personas cometen cuando gastan tanta energía cognitiva en preservar sus mentiras que sus cerebros se esfuerzan por mantener un registro de lo que están diciendo en realidad: "Ahs" y "Ums", uso gramatical inconsistente, y muchos otros errores verbales caen dentro de esta categoría.

Se me escapa la lengua: Un desliz de la lengua es básicamente un error en un discurso que traiciona un sentimiento, pensamiento o deseo inconsciente por parte del hablante.

Denegaciones sin contrato: Los mentirosos a veces usan la gramática formal más de lo que normalmente lo haría. Por ejemplo, decir "Yo no estuve allí" en lugar de decir

"No estuve allí". Cuando una persona inocente es acusada de algo que no hizo, su primer instinto es rechazar la acusación tan enérgicamente como pueda. Por ejemplo, "¡No lo hice!", o "¡No la toqué!" Denegaciones específicas: Una persona que está diciendo la verdad tiende a negar categóricamente cualquier maldad. "Llevo más de veinte años en el negocio y nunca he suministrado productos de calidad inferior a ninguno de mis clientes. No hacemos negocios turbios y no tenemos intención de empezar ahora". Los mentirosos prefieren ser mucho más precisos: "No producimos productos de baja calidad".

Calidad vocal

La calidad vocal de una persona es el indicador menos confiable. A continuación, se presentan algunas pistas que sugieren engaño:
o A veces la voz toma un tono más alto
o Largo retraso antes de hablar
o Hablar a un ritmo inusualmente más

lento, con más dudas y errores.

"("Ahs y Ums")

o La voz se tensa o se tensa gradualmente
Todas estas pistas dependen en gran medida de la interpretación. Lo que suena tenso o forzado para una persona puede sonar perfectamente normal para otra. Además, si alguien siente que está bajo escrutinio, puede hablar de una manera poco natural para complicar las cosas. Esta es la razón por la que debe considerar la calidad de la voz sólo en conjunción con otros indicadores verbales, el lenguaje corporal y la expresión facial.

Actitud

Escuche atentamente el habla de una persona y luego da un paso atrás mentalmente para considerar lo que la combinación de pistas verbales, expresiones faciales y lenguaje corporal te indica. La actitud es un indicador crucial a la hora de detectar mentiras. ¿Está la persona interesada en responder a una pregunta o resolver un problema? ¿Es evasivo o franco? ¿Qué tan seguros son sus sonidos vocales? Una persona engañosa puede ser cautelosa e indecisa a la hora de negar o reconocer firmemente cualquier cosa que te sugiera sobre su comportamiento o acciones.

Una persona sincera cooperará con confianza desde el comienzo de la conversación y te indicará que está de tu lado. Si la persona en cuestión se pone nerviosa, presta atención al tiempo que tarda en establecerse. Cuando se le acusa injustamente, una persona inocente se enoja y pasa a la ofensiva porque no tiene nada que ocultar. Por otro lado, los mentirosos se pondrán extremadamente a la defensiva porque tienen algo que ocultar. Ellos responderán con algo como "¡No puedo creer que me estés acusando así!" Ellos hacen una gran cosa de esto y rápidamente se calman una vez que creen que han logrado convencerte de que les estás causando una profunda angustia emocional con preguntas innecesarias.

Capítulo 4: Consejos! Y las mentiras Que Quieres Escuchar

Unos cuantos consejos más para ti:

o Esconder los ojos o la boca: Una persona engañosa a menudo esconde sus ojos o su boca cuando miente. Esta es una tendencia natural de algunas personas a cubrir una mentira. Esto es también un intento de protegerse de la reacción de una mentira.

o Tragar o despejar la garganta: Durante el interrogatorio, si una persona se aclara la garganta o realiza una deglución digna de mención, eso es una señal potencial de que algo está mal. La pregunta podría haber sacudido un nervio y de ahí esta reacción.

o Movimiento cara a cara: Observe lo que una persona hace con su cabeza o región de la cara durante el interrogatorio. Los signos del cuento de hadas están tirando de los labios o de las orejas, mordiendo o lamiendo los labios. Estos movimientos son los intentos de nuestro cuerpo para liberar la ansiedad y pueden mostrar a otros que la persona en cuestión está nerviosa.

o Gestos de aseo personal: Los gestos de aseo son signos de nerviosismo y ansiedad. Al responder a una pregunta, un hombre deshonesto puede ajustarse las gafas, los puños de la camisa o la corbata. Una mujer engañosa podría enderezar su falda o mover algunos mechones de cabello detrás de su oreja. Hay otras cosas que usted puede notar. Por ejemplo, usted hace una pregunta y de repente la persona se ocupa con su teléfono o el vaso de agua está demasiado cerca o el bolígrafo no está en el lugar correcto.

Las Mentiras Que Quieres Escuchar

La vida es complicada y estresante y a veces la verdad simple y llana no es suficiente para animarte a poner un pie delante del otro y seguir adelante con tu vida. Mentiras o aliento que usted quiere escuchar incluyen:

● Todo estará bien: Usted sabe que todo

no va a estar bien, especialmente si tuviste un accidente tienes serios problemas de dinero. Vas a sufrir durante los próximos días. Pero los problemas no significan que este sea el final del camino para ti. Las cosas cambiarán y usted lo sabe, pero cuando te encuentras en una situación difícil, necesita inspiración y aliento de los miembros de su familia y amigos. Los comentarios de ellos te ayudarán a pasar los días oscuros de tu vida.

- No hay nada que temer: Es un mundo peligroso y hay muchas cosas que temer. ¡Pero esto no significa que no deba salir de su casa! Necesitas vivir tu vida normalmente, aunque algo desafortunado pueda sucederte en cualquier momento. Vives tu vida tan normalmente como puedes y cuando las cosas malas suceden te enfrentas a ellas. Vivir una vida con preocupación crónica y miedo no es vivir en absoluto.

- Si eres una buena persona, te sucederán cosas buenas: ¡Otra mentira! Realmente, la vida no es justa y lo sabes, pero un poco de ánimo no te hará daño. Cuando tú estás profundamente deprimido, comentarios como estos te ayudarán a salir adelante. Cualquiera que sea la situación, las cosas cambiarán para ti y tienes que creerlo.

- Puedes ser lo que quieras ser en la vida: Pocas veces en la vida puedes ser lo que quieras ser en la vida. No puedes ser millonario o una superestrella del deporte sólo porque quieras serlo. Pero no hay nada malo en intentarlo. Sueña a lo grande y alcanza las estrellas.

- El amor es todo lo que necesitas: El amor es importante en la vida. El amor a los miembros de la familia y a los amigos íntimos son tesoros preciados en la vida de cualquier persona. Pero el amor por sí solo no puede sostenernos. El amor no garantiza la comida, la ropa o la seguridad de un hogar. Trabajamos duro para ganarnos la vida y volver a casa con nuestros seres queridos. El amor y los ingresos se complementan mutuamente y ustedes necesitan ambos en su vida.

Capítulo 5: Algunos ejemplos de la vida real del lenguaje corporal de los mentirosos

Cuando vayas a analizar el lenguaje corporal de un mentiroso en un escenario de la vida real, necesitas observar cuidadosamente todos los movimientos y cambios en su respiración, brazos, manos, pies, piel, postura, posición o postura. En este capítulo vamos a discutir algunos ejemplos de la vida real del lenguaje corporal que revelan que alguien es deshonesto o miente.

Cambios respiratorios

Los cambios en el patrón respiratorio son a menudo lo primero que notará cuando alguien miente. Cuando las personas están tranquilas y relajadas, y no tienen que preocuparse por lo que están diciendo, respiran normalmente y podrás ver un patrón de respiración constante - su abdomen moviéndose hacia arriba y hacia abajo normalmente a medida que el aire entra y sale de sus pulmones. Pero cuando alguien está mintiendo, o mostrando algunos signos de deshonestidad, a menudo respirará de tal manera que verá sus hombros y la parte superior del pecho levantarse y caer, en lugar de ver el abdomen moverse hacia arriba y hacia abajo.

Cuando alguien es deshonesto, a menudo es visible en la parte superior del pecho, lo que indica ansiedad y nerviosismo. Un ejemplo perfecto es la entrevista que

Lance Armstrong dio cuando confesó a Oprah Winfrey que en realidad se había dedicado al dopaje. Mientras que en la entrevista parecía franco en muchas de las cosas que revelaba, de vez en cuando un observador agudo podía detectar una tensión visible en sus hombros mientras respiraba con ansiedad. Esto indica que no estaba siendo completamente honesto al responder a las preguntas de Oprah.

Cuando alguien es engañoso, a menudo lo verás inesperadamente hinchando sus mejillas mientras exhala. Este proceso se conoce como oxigenación. Tu sistema nervioso autónomo está trabajando intensamente para dominar una repentina acumulación de dióxido de carbono en su sistema. Por lo tanto, inmediatamente respira profundamente y luego lo sopla para recuperar el equilibrio en su cuerpo. Este proceso ayuda al mentiroso a liberar la acumulación de tensión causada por la mentira y recuperar su compostura. Así que este estallido de aire es a menudo una gran señal de advertencia cuando se trata de detectar una mentira.

Arriba vemos una foto del infame O. J. Simpson en la corte durante su juicio de 2008 por robo, hurto y asalto en Las Vegas Clark Country Regional Justice Center. Observa cómo su pecho se expande y se eleva mientras llena sus pulmones de aire, y sus mejillas se hinchan mientras se prepara para liberar una repentina ráfaga de aire con el fin de oxigenarse y liberar el estrés y la tensión abrumadores.

Esta foto fue tomada el día que un jurado fue seleccionado para el juicio. O.J. tiene una amplia experiencia en la sala del tribunal y conoce la importancia de la selección del jurado antes de que comience el juicio. Su repentina e intensa ráfaga de aire y su respiración torácica superior ilustran el estrés y la ansiedad que estaba experimentando durante el proceso de selección del jurado.

Cambios en la piel

Cuando las personas mienten, a veces se notan cambios en su piel, en términos de la presencia de sudor y el color de la piel. En los individuos de piel más clara, la piel puede mancharse, enrojecerse o ruborizarse. Normalmente se puede ver el enrojecimiento en la nariz y en las mejillas, pero el enrojecimiento también puede aparecer de manera uniforme en toda la cara, desde el cuello hasta la frente, así como en las orejas. El rubor o enrojecimiento puede variar de un rosa pálido a un rojo muy oscuro. Este inesperado cambio de color es el resultado de un aumento de la adrenalina y de los cambios simultáneos en capilares y vasos sanguíneos. En los individuos de piel más oscura, la piel puede volverse más asidua o más pálida.

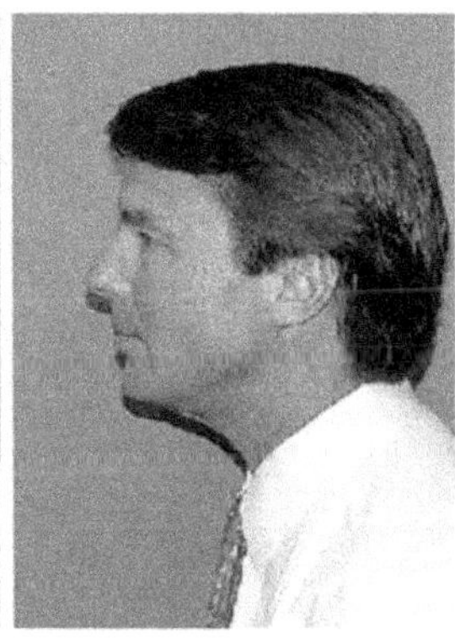

Aquí podemos ver la foto del humillado y deshonrado ex senador y candidato a la vicepresidencia John Edwards, cuando fue arrestado por fraude financiero. Como puedes ver con una sonrisa falsa, él está tratando de decir que está feliz y que todo está bien. Aunque sus labios sonrían, se nota que es una sonrisa falsa. Su aparente felicidad también es refutada por la piel oscura y manchada en su cara y en los lados del cuello. En la foto original, su rubor es mucho más obvio, con toda su cara de color rojo-rosado asertivo.

Es posible que haya visto enrojecimiento en las mejillas, orejas y nariz de un mentiroso cuando siente que su mentira está a punto de ser descubierta por otros. La piel de Lance Armstrong es normalmente bronceada, pero el contraste de rojeces en la nariz, las orejas y los lados del cuello durante la entrevista reveló el rápido cambio en su sistema nervioso autónomo y el consiguiente aumento del flujo sanguíneo. Junto con un súbito enrojecimiento de color, las venas pueden aparecer en la frente porque también se agrandan debido al aumento del flujo sanguíneo y la presión.

Sudor

La transpiración en la cara a menudo indica engaño. El sudor suele aparecer en la frente, las mejillas, la nariz, el labio superior y el mentón. En la foto anterior de John Edwards, se puede ver fácilmente el brote visible de transpiración en su cara mientras presenta una cara feliz para su foto. El sudor en la cara es el resultado de que el cuerpo genera calor, lo que también causa el enrojecimiento y el rubor simultáneo. El cuerpo trata de enfriarse y el sudor es liberado a través del cuerpo y la cara.

Curiosamente, los músculos del labio superior normalmente se tensan durante el engaño y es por eso que no es raro ver que las gotas de sudor se acumulan en esta área. Esto es a menudo una indicación clara de que la persona está mintiendo. En la foto de arriba, mientras todos notamos el enfadado señalamiento de Clinton con el dedo, pocos observadores perspicaces pudieron ver que también estaba sudando profusamente mientras respondía a las preguntas. Mira de cerca la foto de arriba, y puedes ver pequeñas gotas de sudor y brillo sobre su labio superior.

Al igual que el presidente Clinton, Armstrong también sudaba mucho cuando concedió entrevistas en sus días de carreras de bicicletas. Un ejemplo es su entrevista de 2006 con ESPN.com, donde las gotas de sudor sobre su labio superior eran claramente visibles, ya que negó categóricamente haber tomado cualquier droga que mejorara el rendimiento.

Esta señal reveladora de sudor en los labios superiores fue útil cuando la inspectora de aduanas estadounidense Diana Dean se enfrentó a Ahmed Ressam, también conocido como el "Bombardero del Milenio". Ahmed Ressam trató de entrar a los Estados Unidos desde Canadá en diciembre de 1999 conduciendo un coche que contenía los componentes de una bomba de petróleo. Cuando Ressam dejó el ferry de British Columbia a Port Angeles, Washington, el inspector Dean se enfrentó a él mientras realizaba su interrogatorio de rutina. Lo que la alertó fue que el labio superior de Ressam se rompió en gotas de sudor. Inmediatamente pidió un asistente y llamó a sus compañeros para que registraran el coche de Ressam. La materia prima para la fabricación de bombas fue descubierta, si ella no hubiera notado la señal reveladora de sudor de Ressam, ¡podría haber habido otro ataque terrorista en suelo estadounidense!

Cambios de postura

Cuando la gente se involucra en trampas y engaños, notarás cambios leves y repentinos en su postura. Por lo general, su postura se endurece y ambos hombros se mueven hacia adelante y se vuelven rígidos. Su cabeza también puede cambiar de posición y caer en un ligero movimiento hacia adelante.

Aquí hay una foto de Chris Brown cuando apareció en la corte en abril de 2009 por agredir a su novia Rihanna Fenty. Aunque se declaró no culpable de los cargos, su lenguaje corporal sugirió que se sentía avergonzado y culpable. El normalmente arrogante y de hombros cuadrados Chris Brown parecía cualquier cosa, pero cuando apareció ante el juez. Inclinó la cabeza, miró hacia abajo y sus hombros se agacharon repentinamente. Como se puede ver en la foto, su postura básicamente gritaba "culpa" y "vergüenza".

Una de las razones por las que los mentirosos y engañadores asumen esta posición semifetal es porque en su interior se sienten emocionalmente vulnerables y avergonzados. Por lo tanto, literalmente tratan de minimizarse ocupando menos espacio, mostrando que se sienten "pequeños" emocionalmente. También es la manera natural del cuerpo de protegerse a sí mismo. Así que, si y cuando atrapas a una persona en una mentira, a menudo verás los hombros encorvados, en posición de cara de tortuga. Tal vez recuerde haber visto esto cuando Barry Bonds fue sorprendido mintiendo por omisión en una abarrotada conferencia de prensa. Mientras permanece en silencio sobre el tema de su uso de esteroides, su lenguaje corporal protector mostró la verdad.

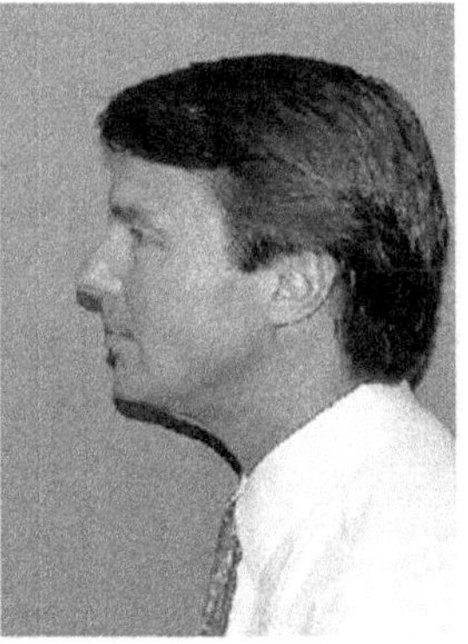

En esta foto de John Edwards también se puede ver esta postura encorvada. En general, la postura de Edwards era recta, con la cabeza alta y los hombros hacia atrás mientras rebosaba de confianza en sí mismo. Pero en esta foto, se puede ver que sus hombros están levantados hacia adelante y redondeados. Este es el lenguaje corporal de un hombre que está triste y avergonzado. Así que su cuerpo nos está diciendo la verdad: que Edwards no está contento con su arresto por fraude electoral.

Cuando el entrenador de fútbol americano de Penn State, Jerry Sandusky, fue acusado por primera vez de abuso de menores, su cabeza erguida y su postura recta le gritó al mundo que confiaba en él y que no le pasaría nada. Simplemente se sacudiría todas estas acusaciones falsas en su contra. Pero con el paso del tiempo, un nuevo testigo de su fechoría se adelantó y la postura de Sandusky, una vez erguida, se volvió más y más encorvada y parecida a la de una tortuga. Aunque todavía afirmaba su inocencia, su lenguaje corporal y su postura indican lo contrario. Este cambio de postura culpable, similar al de una tortuga, es también una señal reveladora para los agentes del orden público cuando interrogan a los sospechosos. Saben que están en el buen camino y que sus preguntas se vuelven más directas y directas.

Encogiéndonos de hombros

Imagínese que estas conversando con alguien y de repente se encoge de hombros al responder a una pregunta o hablar sobre un tema crítico, lo más probable es que le esté mintiendo. Un ejemplo: el ex jugador de béisbol de las Grandes Ligas Barry Bonds a menudo se encogió de hombros durante las conferencias de prensa para evitar preguntas sobre su uso de esteroides. Pero evitar las respuestas con demasiada frecuencia y a personas equivocadas -fiscales federales- dio como resultado que Bonds fuera acusado por un cargo de obstrucción de la justicia y cuatro cargos de perjurio en una investigación del gobierno. Barry fue condenado por obstrucción a la justicia y se le negó la entrada al Salón de la Fama del Béisbol.

Estamos hablando de detectar mentiras y parece que una persona sin la que no podemos prescindir es ¡O. J. Simpson! En su audiencia de sentencia en la sala de justicia del Centro de Justicia Regional Clark Country de Las Vegas, O. J. se puso de pie en sus grilletes y ofreció una "disculpa" por su fechoría. Mientras lo hacía, descuidadamente inclinó la cabeza hacia un lado y se encogió de hombros, como se puede ver en la foto de arriba. Esto indica que su "disculpa" fue todo menos genuina. Esto "probó" el hecho de que su intención era efectivamente "dañar a estos tipos", ya que entró en la habitación del hotel armado, con un arma para reclamar lo que él veía como su propiedad.

El juez que preside, Jackie Glass, obviamente vio a través de la falsa disculpa de O.J. Rechazó su "disculpa" y dijo que lo que O. J. hizo fue "mucho más que una estupidez". Ella lo sentenció a 15 años de prisión.

Inclinarse hacia atrás

A veces, cuando la gente se da cuenta de que ha sido atrapada en una mentira, todo su cuerpo se mueve hacia atrás de forma repentina e incontrolable. Esto significa que el mentiroso ha sido literalmente "sorprendido" de que su deshonestidad fuera descubierta. La espalda del mentiroso está simbólicamente "contra la pared" cuando hace un salto repentino y menor o se sacude hacia atrás. Al hacerlo, su postura se vuelve rápidamente erguida y rígida. También hay tensión visible en sus hombros y cuello, como se puede ver en la foto de O. J. Simpson. Esta foto fue tomada durante una entrevista en el décimo aniversario del asesinato de su esposa. En el video podemos verlo literalmente retrocediendo mientras la pregunta de Catherine Crier golpea visiblemente un nervio.

Inclinarse hacia adelante

La gente que te miente en la cara quiere desesperadamente ser creída. Así que, en su desesperación, se apoyarán en ti como un medio para congraciarse y parecer simpáticos y accesibles. Es un intento manipulador para atraer a otros a creerles.

Esta es la razón por la cual usted puede verlos a menudo inclinarse hacia adelante cuando están en comunicación cara a cara. Es un intento de crear una falsa intimidad y hacerles creer que están diciendo la verdad. La siguiente foto de O. J. fue durante una entrevista cuando se le preguntó sobre su participación en la muerte de su esposa. En la foto se puede ver la repentina inclinación hacia delante, seguida de la señalización con el dedo, básicamente un intento de engaño.

Los delincuentes, que son entrevistados antes de su condena, a menudo muestran este tipo de comportamiento. El criminal convicto Scott Peterson fue entrevistado por Diane Sawyer, y durante toda la entrevista, podemos ver a Peterson inclinándose hacia adelante, muy probablemente en un débil intento de parecer creíble y adulador. Mientras se inclinaba y hablaba, seguía mintiendo acerca de no saber dónde estaba su esposa. Peterson hizo lo mismo con otro entrevistador de la CBS. A pesar de que el reportero lo confrontó sobre sus mentiras y engaños con respecto a su novia, Amber Frey, Peterson aún permanece en esa posición rígida y de inclinación hacia el futuro durante la entrevista.

También notamos esta postura con el asesino de esposas Drew Peterson en el Today Show, mientras intentaba convencer al entrevistador Matt Lauer y al mundo de que no mató a su tercera esposa Kathleen o a su cuarta esposa, Stacy. También vimos la misma postura con la asesina de novios Jodi Arias cuando apareció en 48 Horas y trató de convencer a otros de que ella no es culpable. Otra característica notable de estos criminales de tendencia progresista es que apenas se mueven de esta posición durante sus entrevistas.

Esto es exactamente lo que observamos en

el lenguaje corporal de Drew Peterson, el asesino de la esposa convicta. En sus muchas entrevistas, se mantendría rígido y con la cara de piedra mientras proclamaba su inocencia. Insistió en que no mató a su tercera esposa, Kathleen, o a su cuarta esposa, Stacy. Contestó todas las preguntas a las que se enfrentaba Stone y nunca se movió de su posición.

Inquietarse o quedarse demasiado quieto

Otra señal reveladora de engaño y mentira es el nerviosismo. La razón de esto es que nuestro sistema nervioso autónomo a menudo va a una respuesta primitiva de "pelear o huir". A menudo la gente quiere huir literalmente de situaciones incómodas o estresantes. Así que, si un mentiroso siente que va a ser entrevistado o interrogado, el instinto biológico innato interviene en el escenario físico "sácame de aquí". Por lo tanto, este exceso de energía y los movimientos del cuerpo extraño.

Alternativamente, un mentiroso puede no moverse en absoluto. Esto puede ser una señal de la situación de lucha neurológica primitiva más que de la respuesta de fuga. Cuando hablas y conversas normalmente, es natural que muevas tu cuerpo en movimientos relajados, sutiles y en su mayoría inconscientes. Así que, si observas una postura catatónica y rígida sin movimiento, a menudo es un signo revelador de que algo está mal. Como mínimo, la persona se esfuerza demasiado por mostrar una postura tranquila y controlada y, a lo sumo, puede estar tratando de manipularte diciendo mentiras.

Cuando un sospechoso está siendo interrogado por los agentes del orden público y parece estar arraigado en el lugar, generalmente es una señal reveladora de que el sospechoso está tratando de ocultar algo. Además, si está agarrando sus manos o cruzado de brazos, está literalmente intentando "agarrarse" a sí mismo para no decir las palabras "incorrectas".

Nicki Minaj negó con firmeza y vociferancia estar involucrada en hostilidad con su colega juez, la cantante Mariah Carey. Sin embargo, el hecho de que Nicki estuviera sentada frente a una piedra y rígida y se negara a mirar a Mariah, mostró la verdad a todo el mundo. Este comportamiento inusual suele ser una señal de alarma en lo que respecta al engaño, precisamente porque es antinatural, extraño y no va con el flujo de todo el escenario... El engañador intenta micromanejar sus movimientos para que nadie note que está mintiendo; irónicamente, es este mismo comportamiento el que está mostrando a la gente que está tratando de ocultar algo.

Cambios en la posición de la cabeza

Cuando alguien se ha visto envuelto en una mentira, a menudo notará varios movimientos extraños o torpes de la cabeza. La cabeza se inclina hacia abajo, se sacude hacia atrás, se inclina hacia un lado o se amartilla. Si notas estas señales, particularmente después de haberle hecho la pregunta, es posible que no esté siendo completamente honesto y sincero contigo.

El cabazazo torpe

A menudo vimos al repentino cabezazo torpe de Scott Peterson durante su juicio por el asesinato de su esposa. Durante el juicio, su cabeza repentinamente retrocedería cuando escuchó algo convincente en la sala del tribunal que apuntaba a la verdad sobre su participación en la muerte de su esposa. Lo mismo se puede ver en la siguiente foto de O. J. Simpson durante su entrevista con Catherine Crier. El momento de la foto es significativo; de repente sacude la cabeza hacia atrás justo cuando comienza a responder a una pregunta importante sobre el asesinato de Nicole. Este movimiento repentino e inesperado de la cabeza es a menudo una indicación de que alguien no está diciendo la verdad.

A continuación, la foto de Lance Armstrong mientras hacía una pregunta inesperada sobre su escándalo de drogas. Observe la posición de su cabeza y cuán atrás se ha retirado mientras procesa la pregunta en su mente. Cada vez que notas que la cabeza de alguien de repente se mueve hacia atrás - cuando piensan que pueden estar atrapados en una mentira o escuchar algo que podría descubrir la verdad. Este movimiento incómodo, repentino e inesperado dice mucho.

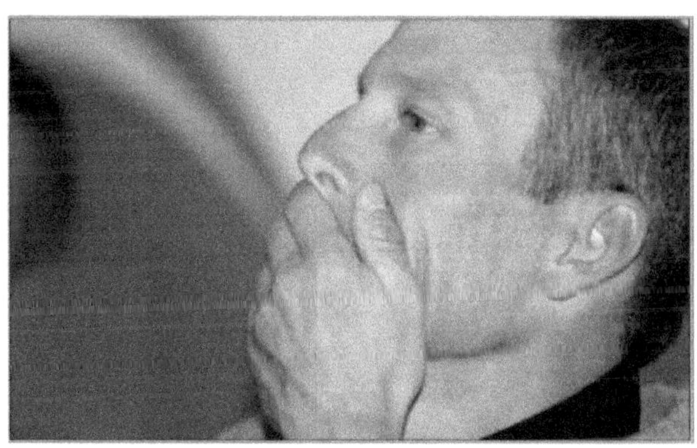

La cabeza arqueada

Cuando alguien con conciencia escucha una verdad desagradable o es atrapado en una mentira, normalmente inclina la cabeza. Esto es a menudo un signo de vergüenza o contrición. Cuando Tiger Wood respondió a las preguntas de la conferencia de prensa sobre su aventura, su cabeza estaba inclinada casi todo el tiempo.

Se puede ver lo mismo con el cantante y rapero Chris Brown cuando se declaró inocente de los cargos de agresión. El cantante sabía que su declaración era mentira y que era culpable de golpear a su novia, la cantante Rihanna, en la noche de los premios Grammy.

La cabeza del gallo o inclinada
Si ves a alguien que de repente inclina la cabeza hacia un lado o la amartilla, a menudo indica incertidumbre, duda. Este

escenario es a menudo visible cuando a las personas se les hacen preguntas puntuales o cuando sienten que su mentira está a punto de ser revelada. Es la forma instantánea e inconsciente del cuerpo de decir: "¡No sé cómo responder a la pregunta, porque tengo que fabricar una mentira! Cuando se le preguntó a Drew Peterson sobre su participación en la misteriosa desaparición de su cuarta esposa, el normalmente arrogante ex policía inmediatamente inclinó la cabeza hacia un lado mientras respondía a la pregunta y se defendía con "mentiras". Esto fue una señal de alarma para los expertos en comportamiento.

Lance Armstrong inclinó la cabeza hacia un lado cuando fue invitado a subir al escenario en 2010 durante las ceremonias de clausura del Tour de Francia. Esa fue probablemente una clara señal de engaño. Sabía que no merecía los elogios brillantes y cuando los periodistas hacen preguntas, probablemente no estaba seguro de cómo toser su mentira.

El trago gordo

Otro signo revelador significativo de engaño es tragar o deglutir con fuerza. La repentina deglución por parte del "mentiroso" es el resultado de la acción del sistema nervioso autónomo, ya que la prominencia laríngea, también conocida como manzana de Adán, suele ser más visible en los hombres y más fácil de ver. El engañador generalmente se detiene a mitad de la frase para tragar automáticamente. Cuando una persona está tensa o dice o hace algo que no debería, la producción de saliva suele disminuir. Por lo tanto, la garganta se sentirá raspada y seca. Para lubricar la garganta con saliva y seguir hablando, el mentiroso tiene que tragar, lo que alivia la sensación de tirantez, incómoda y áspera.

Lance Armstrong podía ser visto a menudo tragando con fuerza y tragando a lo largo de su conversación con Oprah, especialmente cuando hablaba de su escándalo de dopaje. Era más obvio cuando Armstrong estaba viendo videos anteriores de sí mismo en cintas de declaración mientras mentía deliberadamente sobre su uso de drogas. Mientras veía sus entrevistas anteriores, se notaba claramente que su manzana de Adán subía y bajaba mientras tragaba durante esos momentos de tensión.

Ocultar las manos y brazos

La gente a menudo esconde sus manos
cuando se dedican al engaño. Colocan sus
manos detrás de ellos, en los bolsillos o
debajo de algo, (como una mesa). También
tratan de ahuecar sus manos en un intento
subconsciente de hacer su cuerpo/manos

más pequeñas. Además, tenga en cuenta que la gente a veces se mete las manos en los bolsillos sólo porque es cómodo. Como siempre, el contexto es la clave para descifrar el engaño. La foto fue tomada cuando estaban teniendo una aventura, lo negaron, pero por la foto se puede adivinar la verdad.

Cuando se detectan mentirosos en la vida real, la detección de estas pistas le ayudará a atrapar a los mentirosos de armadura y principiantes. Los que mienten por una profesión son una historia diferente.

Conclusión

¡Gracias de nuevo por descargar este libro! Espero que esto te haya ayudado a entender las mentiras de otras personas.

El siguiente paso es usar lo que has leído aquí y releerlo para mantener estas ideas frescas en tu mente.

Parte 2

Introducción

El lenguaje corporal, es la mejor fuente para obtener las herramientas basadas en investigación que permitirán entender mejor la psicología del lenguaje corporal. Aprenderás a ser másconsciente de las sutilezas de tu lenguaje corporal (interna y externamente) así como el lenguaje de otros con el fin de mejorar tu vida profesional y personal.

Escrito por un profesional de la psicología, este libro está basado en conocimiento clínico, herramientas basadas en evidencia e investigación. *El Lenguaje Corporal: Dominando las TécnicasPsicológicas del Lenguaje Corporal* es mucho más que un libro… es un programa que te ayudara a dominar las técnicas psicológicas del lenguaje corporal en tu vida cotidiana.

Los temas incluidos son:

La Psicología del Lenguaje Corporal
Que hacer bajo presión
Micro expresiones

Decepción
Como agradarle a alguien
El lenguaje corporal de los lideres
Las primeras impresiones
Como conseguir un rápido entendimiento
Como obtener un trabajo, cliente, promoción o venta
Como estamos influenciados por nuestras propias expresiones no verbales
Como cambiar tu identidad para utilizar mejor el lenguaje corporal
Y más...

La Psicología del Lenguaje Corporal

¿Qué te comunica mi lenguaje corporal? ¿Qué te comunica mi lenguaje corporal? Estas son las preguntas que muchos se hacen cuando se refiere a la percepción de las personas.

Existen muchas investigaciones para mostrar que el análisis del lenguaje corporal es una manera valida de ver los juicios. Inferimos a partir del lenguaje corporal. Estos juicios pueden afectar a quien contratamos, a quien promovemos, y con quien salimos. Una gestión que puede esconder una mentira, un saludo puede obtener el trabajo, y un gesto que puede cerrar el trato. El lenguaje corporal puede impactar cada área de tu vida, en este libro, vamos a disecar el cuerpo, la cara, y la voz para revelar sus significados escondidos y sus secretos.

En este mundo, lo que decimos es importante, pero muchas veces no recibimos el mensaje complete. Solamente siete por ciento de la comunicación es verbal. Noventa y tres por ciento de lo que obtenemos de los demás es no verbal. Cuando pensamos en comunicación no verbal pensamos en cómo somos juzgados y como juzgamos a los demás. Por otro lado, También estamos influenciados por nuestra propia comunicación no verbal.

Micro expresiones, posturas, y apretones de mano son elementos que afectan la forma en que percibimos a otros y la forma en que otros nos perciben. A pesar de los mejores esfuerzos de las personas, la verdad muchas veces puede filtrarse. El Lenguaje Corporal viene del tallo cerebral. El sistema límbico en el cerebro también se involucra con la producción del lenguaje corporal. En algún momento en la línea de la historia, tal como con la mayoría de los animales, desarrollamos la habilidad de comunicarnos de una manera no verbal. Se mantiene como nuestra forma primaria de comunicarnos especialmente cuando se refiere a las emociones. Charles Darwin escribió primero acerca de la universalidad de las emociones principalmente porque estos y otros aspectos de supervivencia del ser humano están controlados por el sistema límbico del cerebro.

Las responsabilidades del sistema límbico incluyen procreación, homeostasis, notando y reaccionando a amenazas, emociones y la seguridad de nuestra supervivencia. Las reacciones del sistema límbico son inmediatas y consistentes y aplican a todos sin importar la cultura. Las reacciones del sistema límbico están cableadas en nuestro interior. En cada cultura, cuando nos acercamos al borde de un precipicio evitamos acercarnos demasiado a ver el abismo. Es el sistema límbico en nuestros cerebros que evita que nos acerquemos demasiado al peligro.

Nuestros pensamientos, sentimientos, y necesidades son procesadas por el sistema límbico, y al final son expresadas por medio del lenguaje corporal. Desde que nacemos, mostramos signos de descontento, contento, y otras emociones y las mostramos a través de nuestras expresiones fáciles y gestos, al igual que sucede durante el resto de nuestras vidas.Por ejemplo, cuando vemos a alguien a quien amamos, imitaremos su comportamiento, nuestras pupilas se dilatarán, e inclinamos nuestras cabezas. De nuevo, nuestro sistema límbico se está comunicando a través del cuerpo los sentimientos que guardamos se corresponden con la comunicación no verbal.

El ajuste del lenguaje corporal no se siente natural al inicio. Dominar el lenguaje corporal requiere practica y generalmente implica salir de nuestra zona de comodidad. Una de las formas en que aprendemos es imitando lo que este modelado para nosotros. En el caso del lenguaje corporal, queremos imitar el lenguaje corporal de oradores exitosos, exitosos magnates de negocios, personas con éxito en las citas, etc.Al final, cuando nos referimos a la psicología del lenguaje corporal. No solamente puedes cambiar como los demás te ven (al fingir un lenguaje corporal hasta que se convierte en algo natural) también puedes cambiar la forma en que te sientes sobre ti mismo todo por tu nuevo lenguaje corporal en el largo plazo.

A través de este viaje, te equiparas con las herramientas para analizar el lenguaje corporal. Al final de este grupo cada momento que pases con otros (personal o profesional), estará lleno de impacto y poder. El mundo secreto del lenguaje corporal está a punto de abrir sus puertas para ti.

Primeras Impresiones

¿Deberías confiar en tus primeras impresiones?

La investigación en psicología social asevera que formamos impresiones duraderas de otros rápidamente, basados en sus comportamientos, lo cual incluye ampliamente el lenguaje corporal. Un paso torpe puede ayudarnos a predecir el comportamiento a futuro de una persona. Una gestión, expresiones faciales, o la postura de alguien puede hacernos creer que podemos esperar más de lo mismo de esa misma persona en el futuro. Habiendo dicho esto, también podemos cambiar nuestras impresiones a la luz de nueva información. Afortunadamente, "La actualización de impresiones" puede ayudar a alterar una primera impresión negativa en el futuro. Sin embargo, actualizar impresiones puede tomar tiempo y es simplemente más fácil ser consciente del lenguaje corporal para una exitosa primera intención desde la primera vez.

Sin importar cuanta preparación has tenido antes de un primer encuentro con alguien a menudo existe ansiedad en algún momento. Pareciera que no importa que tanto "en tu juego" te encuentres, algunas personas que conoces pueden irse sintiéndose casi indiferentes acerca de ti. ¿Porque sucede esto y cuánto tiempo tienes para hacer una buena impresión? La respuesta es que tienes muy poco tiempo lo que hace aúnmás importante estar consciente de las impresiones que causas con tu lenguaje corporal.

Aun si lo sabes o no, tu cerebro está archivando información para recordar continuamente. A este proceso se le llama patrón de reconocimiento y es una habilidad de supervivencia. Entras en el modo patrón de reconocimiento cuando conoces a alguien por la primera vez.

Tomaras características físicas y lenguaje corporal y cualquier otro indicador que pueda ayudarte a juzgar a esa persona. Tu cerebro compara esa persona contra todas las demás personas que has conocido y en unos segundos tu cerebro califica esa persona en el tipo de persona que es.Lo interesante, es que tu juicio instantáneo generalmente es preciso de acuerdo con la investigación. Sin embargo, los juicios instantáneos no siempre funcionan y no siempre son útiles. Al mismo tiempo, estos juicios instantáneos son hechos por lo que es crítico para nosotros ser conscientes de la impresión que estamos dando con nuestro lenguaje corporal.

Puedes decidir si te gusta alguien o no en una fracción de segundo de verlos. Tomas una decisión inconsciente. Hay una parte de tu cerebro que es llamada el tallo cerebral. Es la encargada de hacer estos juicios instantáneos de todos alrededor tuyo. Basados en el comportamiento, decide si debieras retirarte o acercarte a esa persona. Existen categorías que tu cerebro tiene para todos alrededor tuyo. Tu tallo cerebral puede percibir en una persona, un potencial amigo o enemigo simplemente, o un potencial compañero sexual a partir de los juicios instantáneos.¿Él se parece físicamente a mí?¿Es ella similar a mí?¿Su cabello luce bien?Prestamos atención a las personas que son potenciales amigos o compañeros. Podríamostambién prestar atención a alguien a quien percibimos como un enemigo, aunque en ese caso estaremos en guardia. También tendemos a desconectarnos de aquellos que subconscientemente percibimos como ninguna de estas cosas. Como resultado, nos sentimos indiferentes hacia ellos. Muchas veces durante una reunión inicial nos sentimos indiferentes ante un extraño, pero es nuestro trabajo hacernos memorables en un sentido positive.

Construyendo Entendimiento

Una de las formas obvias de crear

entendimiento con alguien es con una sonrisa. Sin embargo, hay una forma apropiada de sonreír para inspirar confianza y hacer que la otra persona te corresponda. Querrás entrecerrar los ojos y sonreír. Sonreír con los ojos es importante para transmitir autenticidad. La sonrisa ideal se construye en tres segundos y debe ser sostenida por tres segundos. Luego querrás subir las cejas. Esto provoca el sentimiento en la otra persona que eres amigo o amigo de la familia. Dispara el cerebro primitivo y produce el sentimiento de que los conoces de algún lugar y que eres gustado.

Importancia del adecuado apretón de manos

Los apretones de mano no son universales. No todos saludan apretando las manos. Sin embargo, en algunos lugares los apretones de mano son críticos. Cuando conoces a alguien por la primera vez decides en los primeros cuatro minutos o menos si vas a escucharlos o si vas a rechazarlos y a su mensaje. Diferentes sentimientos se provocan cuando una persona saluda con un apretón de manos a otra. Uno es "siento que podría llevarme bien con esta persona". Otro es un sentimiento visceral de que "Esta persona no es confiable".

Durante un apretón de manos, el ángulo de las manos es importante. Si alguien te da la mano, y su mano terminan encima de ti probablemente tendrás el sentimiento de que esa persona está tratando de dominarte y estarías en lo correcto. Idealmente, a menos que estés tratando de ganar una carrera política, no querrás tener la mano encima ni abajo. Quieres dar la mano con movimientos verticales arriba y abajo con cada uno en lados iguales.

Ya sea que te estés preparando para una cita, una reunión o una presentación, considera cuanto impacto causaras con tus manos. Un apretón de manos es acerca de que tan agresiva o pasiva es la persona o el potencial de la persona para causar daño.

También transmite que tan vivaz o energizada se siente la persona.Una persona que te da la mano revisara si tu apretón de manos es pasivo, agresivo, amistoso u hostil. Un apretón de manos flojo indica que la persona no se encuentra comprometida, o esta aburrida, o desinteresada. Querrás aplicar la misma cantidad de presión que la otra persona está ejerciendo sobre ti. Esta es una técnica de reflejo o imitación. Esto ayuda con la construcción de entendimiento.Si durante el apretón de manos no puedes sentir la palma de la otra persona el mismo no se sentirá cómodo. De hecho, si no puedes sentir la palma de la otra persona, muy probablemente veras un giro en los ojos (un gesto de disgusto). Así, que asegúrate de presionar la palma de tu mano en su mano.

La simpatía y el atractivo pueden establecerse en una fracción de segundo. Un lenguaje corporal abierto da el mensaje de que no tienes nada que esconder. Cada buen orador (ya sea en una reunión o en una cita) se expresa desde el corazón por medio de gestos hacia el corazón de vez en cuando. También, es importante gesticular un Segundo antes de hacer una declaración. Cuando hablamos con la verdad, lo gesticulamos alrededor de medio segundo antes de hablar así que si quieres verte sincero debes hacer lo mismo.

Lo que no querrás hacer es frotar tus manos o cualquier otra parte del cuerpo. Los gestos de auto contacto significan que la persona se siente incomoda de alguna forma. Recuerda conectarte a través de la mirada. Asegúrate de transmitir una confianza natural pero no un exceso de seguridad.

Muestra tus manos. Eso indica a las personas "vengo desarmado". El lenguaje corporal abierto indica que no eres un depredador, así que deja expuestos tus puntos débiles cuando estés interactuando con otra persona. Deseas ser percibido como honesto y una compañía deseable.

Las manos completamente hacia abajo a los lados lucen te hacen ver somnoliento o desconectado. Es un error permitir que tus manos cuelguen a tus lados. Las manos deberían estar arriba (con las palmas hacia arriba) para demostrar veracidad y compromiso. Idealmente, querrás gesticular a la altura del estómago sin llegar a bloquear el mismo. Concéntrate en tu actuación del contenido más que en el contenido.La pregunta que querrás hacerte es que puedo hacer para intensificar el contenido que ya tienes con el fin de construir entendimiento y lograr que tu mensaje sea comprendido.

Ejercicio para ti:

Haz una auditoria de tu cuerpo ahora mismo. ¿Estas encorvado?¿Cruzando tus tobillos?¿Estas esparcido?¿Estas sosteniendo tu brazo?¿Quéestás haciendo con tu cuerpo ahora mismo? Escribe lo que notas ahora.

Parte II
Posicionamiento del Poder

El lenguaje corporal de los lideres

Los líderes hacen fuertes declaraciones con su lenguaje corporal (ej. Entre másrápido caminas serás percibido como más poderoso). Sin embargo, no es simplemente la velocidad al caminar lo que demuestra que tan poderoso eres percibido. La caminata de poder de los animales conlleva movimientos fuertes hacia atrás y adelante y esto podría ser una señal de poder. Tradicionalmente los movimientos de poder en la cultura americana involucran muy poco movimiento en la parte alta de los hombros lo que parece ser controlado. Percibir el lenguaje corporal de líderes poderosos puede ser un proceso directo pero el lenguaje corporal es muchas veces complejo y mal entendido.

Los líderes exitosos muchas veces tienen una habilidad incrementada para detectar el lenguaje corporal. Existe una correlación entre la habilidad de un vendedor para leer el lenguaje corporal y su habilidad para vender. Otra habilidad que los lideres tienen es que tienen la habilidad de ser conscientes de su lenguaje corporal. Parece que saben cuáles comportamientos del lenguaje corporal utilizar y cuales evitar dependiendo de las circunstancias. Tomar a alguien por el codo demuestra dominio. Un pequeño toque al final de una buena medida demuestra que ellos tienen el poder y el otro es "un buen chico" o "buena chica". La figura central en una pintura siempre nos parece como la más importante. Los políticos saben esto muy bien y se posicionan para tomar ventaja de este hecho.

Una cosa que las personas querrán evitar es demostrar emociones negativas en su cara (por ejemplo, arrugar la nariz y elevar un lado del labio, lo que es una muestra de disgustó). Cuando alguien trata de enviar un mensaje positive, las expresiones faciales demostrando disgusto serian, obviamente, una incongruencia y si se hacen de forma conjunta parecerán engañosas. Un labio subiendo es una mirada de desprecio o superioridad. Esta sería una micro expresión que verías en una persona al inicio de una negociación. Otra habilidad que los lideres tienen es que son capaces de provocar comportamientos de lenguaje corporal en otros por medio de ajustar como interactúan con ellos para obtener una respuesta deseada.

Si estás viendo a alguien hablar y esta de espaldas, o se tranquilizan retorciéndose las manos, o si están viendo hacia arriba y abajo moviéndose de un lado a otro, notaras su incomodidad. Lo último que queremos en una negociación o en un lanzamiento es ser percibidos como nerviosos o incomodos de cualquier forma. Como sabemos, la comunicación comienza aun antes de abrir nuestra boca. La primera impresión que alguien tendrá de ti está en tu posición y tu postura. Tal vez es obvio, pero debes posicionarte de frente a tu audiencia. También es crítico que seas consciente de donde te paras. Alrededor del centro del cuarto o el escenario es ideal. Querrás evitar estar en la esquina. Alejarte de las ventanas es también una clave para que tu contacto visual no se distraiga hacia afuera haciéndote parecer retirado o desinteresado. Evita poner tus manos en tus bolsillos. Es difícil transmitir un mensaje fuerte en esta posición. Siempre mantén las manos a la vista.

Las personas con poder dicen "estoy en control" a hacer que las otras personas caminen por la puerta primero. El último hombre o mujer en cruzar la Puerta es el ganador. Incluso en reuniones entre amigos, el lenguaje corporal sutil puede revelar quien tiene el poder. Si son los anfitriones, tienden a ser muy territoriales. Ellos cruzan la puerta de últimos y ayudan a los invitados a entrar con una mano en la espalda para mostrar dominio. Posiciona tus pies separados por el ancho de tus caderas. Gesticula de los lados de tu vientre con las palmas hacia arriba para provocar confianza de la audiencia u otra persona frente a ti. Algunas personas creen que debes gesticular de tus manoscompletamente hacia abajo a tus lados. Si embargo, si quieres construir entendimiento es sabio gesticular del vientre hacia arriba, pero, debes ser cuidadoso y no bloquear tu vientre cuando gesticules. Si bloqueas tu vientreserás percibido como incomodo o alguien que no debe ser confiado.

De acuerdo con los estudios investigativos, cuando un orador le pide a la audiencia que haga algo 84 por ciento de la audiencia cumplirá si el gesticula con la mano hacia arriba. Por otro lado, si un orador gesticula apuntando el dedo hacia ellos, solamente el veintiocho por ciento de la audiencia cumplirá. Así que, nunca apuntes el dedo al público o la persona con quien te reúnas. Por último, asegúrate que tus gestos sean naturales y relajados.

Como oradores o presentadores en una reunión podemos estar hiper enfocados en nuestro propio lenguaje corporal que olvidamos el lenguaje corporal de los que escuchan el mensaje. Como orador y como líder, es tu responsabilidad estar consciente del lenguaje corporal de la otra persona.

Negociación

Cuando estamos negociando con alguien por algo necesitamos estar conscientes de nuestro lenguaje corporal. Con la negociación viene la emoción, el disgusto, el desprecio y algunas veces el engaño. Quieres saber que el lenguaje corporal de una persona está en la base. Por lo anterior, es útil ver un video de la persona antes de entrar en una negociación con ellos.

Durante la negociación, evita pestañear demasiado. Mantén el contacto visual cuando te presentes. Iguala su agarre durante el apretón de manos y haz tres movimientos del apretón. Quieres usar proxemias. El espacio seguro es a cuatro pies de distancia. Mas cerca podría ser invasivo y más lejos se podría sentir distante. Tambiénquerrás evitar sentarte inmediatamente enfrente de la otra persona. Idealmente, querrás un pequeño ángulo, pero aun con tu cuerpo completamente frente a la otra persona.

Debido a que una negociación es generalmente realizada cara a cara, hay muchos mensajes enviados y recibidos que no son hablados. Estos mensajes s envían a través de tu comportamiento, ya sea que llegues tarde o temprano, la ropa que usas, expresiones faciales, tu postura, y tus gestos. El uso efectivo del lenguaje corporal puede realmente ayudar a que tu mensaje sea óptimo.

Comienza una negociación mostrándote amigable. Una cara amigable esconde tus planes verdaderos para la negociación. Hazlos sentir cómodos al ser amigable pero no super amigable. Después de saludar y sentarte querrás mostrarte neutral y relajado durante la negociación. No querrás dejar escapar secretos en tu cara. Una persona con una cara de póker es difícil de leer. Sin embargo, la falta de contacto visual puede hacer sentir a las personas que estas siendo deshonesto o desinteresado. Si hay otros miembros del grupo con el que estas negociando querrás asegurarte de hacer contacto visual con ellos en adición al negociador principal. De esta forma no estas alineando a otros tomadores de decisiones.

Haz tu oferta inicial con un semblante calmado, cara neutral o cara amigable inclinándote hacia adelante. Habla de forma clara y cuida no hablar muy rápido pues te hará parecer ansioso. Muestra sorpresa cuando escuches la contra oferta. Esto indica que no estás en tu zona de confort. Si te inclinas hacia atrás estas demostrando desinterés. Si te inclinas hacia adelante estas demostrando interésasí que inclínate hacia adelante cuando quieres reforzar a la otra persona.

Si quieres enfatizar que es tu "última oferta" y quieres que la otra parte lo crea será importante señalar este este hecho.

Por ejemplo, quieres gesticular segundo antes de hacer la declaración no después. Es criticó que el gesto sea un segundo antes de hablar para que parezca natural. Si eres autentico con lo que estás diciendo notaras que tus gestos comienzan justo antes de que hables. Las respuestas límbicasauténticas de descontento o comodidad se reflejarán en el cuerpo así que debes ser consciente de lo que estás diciendo con él y lo que los demás están haciendo.

Reforzamiento durante la Negociación

Usa tus expresiones faciales y gestos para enviar el mensaje que quieres transmitir durante la negociación. Si escuchas que el otro lado concuerda contigo o menciona un precio que te gusta, deberías reforzar a la otra persona. Refuérzalos positivamente sonriendo genuinamente y/o asintiendo con tu cabeza. Recuerda que solo debes igualarlos e imitarlos cuando usen lenguaje corporal abierto. Para obtener lo que quieres durante una propuesta es crítico ser consciente de tus gestos con las manos. Estudios han demostrado que si quieres preguntar algo a alguien con tus palmas hacia arriba tendrás una oportunidad significativamente mayor de hacer que la otra persona acepte. Esto significa que en lugar de señalarlos con el dedo o gesticular con tus palmas hacia abajo, es crítico hacer la solicitud con las manos hacia arriba. Esto te ayudar a obtener lo que *tú quieres.*

Negociando bajo presión

Durante momentos de alta presión notaras "señales". Pararse con las manos detrás de la espalda o en tu cintura y acariciando tus propios dedos te dice a ti misma: "puedo hacer esto". Aunque es una forma de auto relajación, también transmite el mensaje ya sea de deshonestidad o incomodidad o ambos. Indica que la persona está bajo presión con niveles moderados o altos de ansiedad. Podrían estar tratando de protegerse de ser descubiertos y pasar las preguntas difíciles.

Cuando alguien hace una declaracióndefinitiva e inmediatamente lo retira sabemos que no están diciendo la verdad. Por ejemplo, una persona hace una declaración luego la retira y cruza sus brazos. Esto indica lenguaje corporal defensiva. Puedes con seguridad decir que no están siendo honestos en este punto de la conversación.

El lenguaje corporal de cada persona es diferente. Cada uno tiene sus propias peculiaridades por lo que el analista del lenguaje corporal buscara lo que es normal para una persona particular en una situación particular. Analizaran que hace la persona cuando le haces preguntas neutrales. Así, tendrás una norma que podrás usar para comparar las otras preguntas. Si un investigador está investigando un crimen, ellos preguntaran cual es la respuesta normal para alguien cuando se le pregunta la misma interrogante (por ejemplo, usted asesino a su esposa,¿sí o no?).

Cuando estamos en problemas, cubrimos nuestros ojos. Las celebridades que no son fanáticas de la atención se ponen lentes oscuros aun si es de noche. Bajo este tipo de escrutinio intense, el linguae corporal de una figura pública muchas veces necesita ser asesorado por un especialista. Los políticos, de forma similar a las celebridades, siempreestán en el foco de atención. Algunos son genios cuando se equivocan. Retroceden y se vuelven niños. Es agradable y juguetón. En 1960 Nixon y Kennedy estaban contendiendo por la presidencia. "El Gan Debate" fue el primer debate televisado y era entre ellos dos. Fue el momento cuando los candidatos se dieron cuenta que debían enfocarse en su imagen visual. Nixon apareció menos controlado comparado con Kennedy en el debate televisado. Kennedy permitió que le aplicaran maquillaje. Nixon se negó a que le aplicaran maquillaje. Nixon gano el debate con la radio audiencia. Sin embargo, la audiencia que vio el debate televisado favoreció a Kennedy. Él se mostrómás controlado y seguro. Los votantes observaron cada uno de sus movimientos cuando estaban bajo presión. El lenguaje corporal es un componentecriticó para los que tratan de proyectar una imagen. Muchas veces, un consultor de lenguaje corporal le preguntara a su cliente "¿Quién es alguien a quien admiras?" Una persona muchas veces se encorvará cuando se sienta amenazado. Cuando no hay amenaza se pararán derechos. Puedes saber cuándo alguien ha sido entrenado si sus movimientos no son naturales. Pareciera que piensan antes de hacer algún gesto. Cuando hablas, es importante gesticular un Segundo antes de hablar. Un gesto hacia tu corazón te hará ver agradecido por un aplauso para transmitir autenticidad.

Ejercicio para ti:

Por los próximos dos minutos, practica un par de técnicas de lenguaje corporal que has aprendido hasta ahora y anota como te hacen sentir (calmado, confiado, poderoso, etc.).

Como enfrentar situaciones difíciles exitosamente

Para mostrar que tienes integridad, tu cara, cabeza, cuerpo, gestos deben estar alineados. Si gesticulas en una dirección y miras en otra hay una incongruencia y desconexión. Esto puede hacer que las personas te vean como engañoso.

Para la policía, leer el lenguaje corporal puede significar vida o muerte. Los oficiales de policíaevalúan continuamente a los individuaos basados en el lenguaje corporal. La primera cosa que los policías ven son los ojos. También quieren ver si la persona está nerviosa, las manos se mueven, o ven mucho en el espejo retrovisor. Estas son "señales" de que una persona pueda ser culpable. Las manos en los bolsillos indican que una persona está nerviosa por lo que va a suceder o a punto de volverse agresivo o sacar algo de sus bolsillos. Aplaudir con las manos es uno de los últimos indicadores que veras antes de que alguien esté a punto de comenzar una pelea. Es crítico para los oficiales de policía leer el lenguaje corporal para poder reconocer una amenaza y prevenir ser lastimados. Hay situaciones en que el lenguaje corporal necesita ser evaluado en una fracción de segundo.

Los investigadores han seccionado las miles de expresiones que aparecen en la cara. Han decodificado las expresiones que usamos. El Dr. Paul Ekman condujo un estudio que comparaba las expresiones faciales en diferentes culturas. El estudio comparo emociones de las expresiones fáciles con individuos de Japón y Nueva Guinea y países occidentales. Hizo videos de estas personas mostrando expresiones de tristeza, sorpresa, desprecio, felicidad, ira, miedo y disgusto. La investigación de las expresiones faciales de Ekman tuvo un impacto significativo en el estudio del lenguaje corporal. Ahora contamos con un lector facial que usa las siete emociones básicas establecidas por Ekman este mapea los músculos de la cara para leer las expresiones faciales. Cada expresión tiene diferentes grados de la expresión o emoción (disgusto, etc.). Es usada en mercadeo y seguridad. La cara comunica aúnmás que solo las siete emociones básicas. Reaccionamos consiente e inconscientemente a las expresiones que vemos en otros.

Nuestros ojos dicen más de lo que pensamos. Cuando estamos emocionados nuestras pupilas se dilatan. Los jugadores de póker no quieren que notemos su emoción y esconden sus ojos viendo hacia abajo o usando lentes oscuros. Sabemos acerca de las siete emociones universales. Las emociones muestran en la cara, pero sabemos cómo fingirlas. Si la emoción en la cara dura más que un segundo lo más probable es que la estés fingiendo. Otra señal de decepción es el movimiento de la lengua.

Cuando mentimos tendemos a hacer movimientos con nuestras manos que pueden no ser típicos. El primero es cubrir nuestras bocas. Segundo, rascamos nuestra nariz. Rascamos nuestra nariz cuando mentimos porque la adrenalina incrementada nos da comezón. También tendemos a frotar nuestro cuello y nuestras orejas cuando estamos siendo engañosos o cuando estamos estresados. El estrés es muchas veces indicador de engaño. Siempre gesticulamos antes de hablar. Cuando mentimos, decimos las palabras primero y luego gesticulamos. Uno de los videos clásicos fue cuando el expresidente Bill Clinton hizo su famosa declaración "Yo no tuve relaciones sexuales con esa mujer." El gesticula después de que hace la declaración indicando que está siendo engañoso de acuerdo con los expertos en lenguaje corporal. Queremos examinar adónde van las manos, hacia donde están apuntando las palmas, y el momento del movimiento. Cuando mentimos, tendemos a hacer movimientos con nuestras manos que de otra forma no haríamos. Cuando alguien está mintiendo tiende a esconder sus palmas poniéndolas en sus bolsillos, detrás de su espalda o gesticulando con ellas hacia abajo. Decimos mucho sin decir una palabra en absoluto.

Cuando tratamos de controlar nuestros cuerpos para engañar, muchos nos enfocamos en las expresiones faciales y la parte superior del cuerpo y nos olvidamos de lo que estamos hacienda con nuestros pies y de lo que los otros están haciendo con sus pies. Cruzar las piernas, pies o tobillos es un indicador de que uno esta incomodo con lo que está diciendo. Podría ser indicador de que una persona está guardando información valiosa. Si una persona se mece de una pierna a otra seguramente está nervioso o incómodo. Esto es un signo de que esa persona está intentando calmarse a sí mismo.

Los hombres tienden a mentir más para parecer más poderosos, exitosos e interesantes. Las mujeres tienden a mentir para proteger a otros, pero claro que esta no es la única razón. Si quieres saber si alguien quiere terminar una conversación mira sus pies. La dirección de sus pies es un signo de cuanto una persona quiere hablar con otra. Si el torso de la persona está apuntando hacia ti y sus pies están apuntando a la salida, lo más seguro es que la persona desee terminar con la conversación. Por el contrario, si el peso esta igualmente distribuido en ambas piernas significa que estas cómodo con lo que estás diciendo y estás hablando con firmeza con respecto a tus declaraciones. Nunca olvides la importancia de los pies cuando quieres transmitir honestidad y cuando estás buscando por engaño en alguien más. Es importante transmitir apertura con tu lenguaje corporal, con firmeza, y poco movimiento cuando se refiere a los pies. Finalmente, cuando alguien hace una declaración positiva pero niega con su cabeza es una "señal" de que alguien está mintiendo.

Micro expresiones

Estamos configurados para entender un poco más de tres mil expresiones faciales. Las micro expresiones son esas expresiones que salen en una fracción de segundo. Son raras y pueden mostrar que una persona está tratando de esconder algo. Las micro expresiones pueden ser la vigésima quinta parte de un segundo. Las micro expresiones revelan como te sientes en una situación en particular. Las cejas bajan si estas enojado porque te acusan de algo que no hiciste. Por otro lado, si estas siendo acusado de algo que hiciste tus cejas pueden subir juntas. Esto indicaría una fuga de miedo y sorpresa. Cuando vez la mandíbula apretada o las fosas nasales flameando esto puede ser un signo de agresión.

Cuando las personas están siendo

honestas, tu eres puesto en su nivel. Vez como sus expresiones son menos forzadas y más genuinas ya sea que estén enojados, tristes, o extasiados. El pensamiento lleva a emociones y las emociones llevan al comportamiento (o en este caso a micro expresiones). Las emociones se manifiestan en la cara como micro expresiones.

La Voz

El tono y la entonación, velocidad, y ritmo son todos indicadores importantes. El treinta y ocho por ciento de nuestra comunicaciónestá en el tono de voz. Las personas juzgan a otros simplementepor qué tan grave o agudo suena el tono de voz. La investigación muestra que la voz de una mujer afecta partes emocionales del cerebro de los hombres. Entre más alto sea el tono menor credibilidad tendrá la voz, de acuerdo con los estudios. Esta es la razón por la cual los consultores aconsejaran a los políticos bajar lo más posible el tono de su voz. Las voces se vuelven más graves a medida se envejece.

Un buen orador te hará unirte con el ritmo y cadencia de su voz. También pueden hablar en un ritmo. Un orador similar a un predicador bautista comenzaría con un tono grave, construiría, tomaría una larga pausa, y construiríamás. Es poderoso porque el contenido ya no es importante y el orador te dice cómo te debes sentir… algo muy poderoso.

Cuando hablamos y pensamos lo que estamos diciendo, nuestro cerebro envía mensajes a nuestra caja de voz. Estos han sido categorizados como inexactitudes o falsos probables en tecnología llamados análisis de voz. Entre más alto sea el número de ciertos valores mayor es la probabilidad de deshonestidad. Como te sientas, como te vistes, como caminas te dice si eres una oveja o un lobo. Es irónico el poco tiempo que invertimos en el contenido. Cuando hay un contraste entre las palabras y el lenguaje corporal créele siempre al lenguaje corporal.

Parte III

El lenguaje corporal para la simpatía y la atracción.

¿Como saber si le gustas a alguien?

El acicalamiento es un indicador que le gustas a alguien o que alguien quiere impresionarte. El acicalamiento es cualquier ajuste a tu apariencia. Algunas personas piensan que el acicalamiento es solo para las mujeres, pero no es así. Hombres y mujeres se acicalan lo cual es una acción pacificadora. Tanto hombres como mujeres se acicalan cuando se sienten atraídos por alguien y cuando quieren lograr una buena impresión.

El arreglo del cabello puede ser muy rápido(un rápido toque en el cabello o un movimiento rápido del cabello). El movimiento del cabello por hombres y mujeres es un ejemplo de acicalamiento. Otra forma de acicalamiento es endereza nuestra ropa. Si ves a un hombre o a una mujer enderezar su camisa o pantalón, este es un ejemplo de ajustar nuestra apariencia. El estiramiento de nuestra ropa es otro signo de llamar la atención hacia uno mismo. Puede ser un signo de querer presentarse bien o puede ser un signo de atención. El ajuste de la joyeríatambién es un gran componente cuando uno se siente atraído por otra persona. Un hombre puede ajustar su reloj o sus mancuernas. Una mujer puede ajustar su reloj, collar o aritos.

Los indicadores de interés(IOI por sus siglas en inglés) son "indicadores" del lenguaje corporal que transmiten que una persona está interesada en otra. Producir un acercamiento (como uno de los gestos de acicalamiento mencionados anteriormente) es una forma de invitar a otra persona a presentarse. Un hombre inflara supecho o encontrar formas de tomar más espacio con sus brazos y piernas. Los hombres y mujeres tambiéntendrán mucho contacto visual. Los estudios muestra que vemos a las personas por las que nos sentimos atraídos por periodos más largos de tiempo que aquellas por las que no nos sentimos atraídos. Las personas que se sienten atraídos por ti buscaran formas de tocarte. Tambiéntenderán a estar cerca. El/Ella puede tocarte en la espalda baja o en el hombre. Un hombre se parará derecho expandiendo sus hombros y una mujer puede more sus caderas cuando camina de lado a lado lo que muestra las curvas del cuerpo.

Es importante que los hombres se refrenen de aproximarse a las mujeres por la espalda pues esto las pone a la defensiva. Deberías aproximarte a las mujeres por los lados o por el frente. Los hombres son más propensos a acercarse a una mujer que parece disponible. Esto significa una sonrisa, lenguaje corporal abierto, mostrando el cuello, viendo al hombre de lado hacia arriba. Las investigaciones demuestran que los hombres no son tan buenos reconociendo el lenguaje corporal como las mujeres. En promedio, los hombres pierden al menos tres señales del lenguaje corporal durante una situación. Esto hace de importancia que la mujer esté interesada en atraer al hombre para que emplee al menos tres indicadores de interés para que el hombre este seguro de que está interesada.

Las personas que estánatraídas por ti inclinarán su cabeza y sonreirán. Las mujeres que estánatraídas por ti también llamaran tu atención a su cuello. La razón es porque de esta forma exponen sus feromonas. Esto también es atractivo para los hombres porque muestra la redondez de la cara de una mujer. Las mujeres cambiaran o tocaran su cabello lo que es otro indicador de que están atraídas por alguien. Cuando las mujeres esta excitadas masajearan lo alto de sus pechos justo debajo de sus cuellos con sus dedos. Cuando una persona estácomprometida contigo dirigirán su torso hacia ti. Ya seas un hombre o una mujer, si quieres transmitir poder deberás tomar tanto espacio como sea posible tomando espacio con tus codos y extendiendo tus piernas, cruzando tus piernas con un pie en la rodilla, etcétera. Los ojos se dilatarántanto en hombres como en mueres cuando encuentran a una persona atractiva. Si estas tratando de construir entendimiento con alguien es importante mantener un lenguaje corporal abierto (así que los brazos sin cruzar) y una cara expresiva. Deja tus manos sueltas y gesticula con las palmas hacia arriba y sonríe. Las personas ven a otros con lenguaje corporal abierto como más atractivos en general.

¿Como gustarle a alguien?

Los investigadores encontraron que las personas pueden hacer comparaciones instantáneas entre dos personas una junto a la otra y decidir quién es más competente, en un estudio, las personas tomaron solo segundos para seleccionar fotografías de candidatos políticos y juzgar su competencia. Mas del setenta por ciento de las caras seleccionadas resultaron ser las correctas. Las expresiones que comunican competencia son una sonrisa genuina "una sonrisa agradable". La ausencia de una sonrisa ha sido demostrada como indicador de menor competencia. El contacto visual es signo de competencia.

A las personas les gustan otros parecidos a ellos. Cuando dos personas se gustan inconscientemente comienzan a "igualar" e "imitar" el lenguaje corporal del otro. Puedes cambiar esto y comenzar a igualar e imitar el lenguaje corporal de alguien más para gustarle a alguien. Esta técnica funciona para cualquiera que esté tratando de lograr gustarle a un colega, entrevistador, conocido, o interés romántico.

La ciencia afirma que las neuronas espejo existen. Como humanos, nos imitamos unos a otros. Copiamos los unos de los otros. Una de las mejores formas de relacionarte en un grupo es copiar los manerismos, volumen de voz, gestos, etcétera. Sin embargo, si alguien tiene lenguaje corporal cerrado n es aconsejable imitarlo. No vas a seleccionar un lenguaje corporal que contradiga tu meta de hacer que alguien más se abra. Si la meta es lograr que alguien más se abra, venderles una idea, ganártelos, etcétera, deberás mantenerte abierto para ser percibido como sincero y comprometido. A este punto, estarás modelándolos para lo que tú quieres que ellos sientan hasta que su lenguaje corporal iguale el tuyo. Sonreirás, tendrás gestos abiertos, asentirás con la cabeza. Cada vez que la otra persona tenga un comportamiento abierto sonreirásaúnmás e igualaras su lenguaje corporal resultando en que ellos se sentiránmáscómodos y mostraran más apertura.

Puedes igualar la respiración de alguien más, sincronizar los gestos, hacer casi cualquier cosa que ellos hagan. Recuerda que no debe ser obvio. Si vez que alguien levanta su bebida levanta la tuya. Si se dan vuelta haz algo similar. Sincronizar con las personas hace mucho másfácil derribar las barreras y resultar agradable por cualquiera que esté a tu alrededor y esto se basa en investigación.

Como estamos influenciados por nuestras propias expresiones no verbales

Las expresiones no verbales dominantes pueden tener un gran impacto tanto en lavida personal como en la profesional. Cuando nos estiramos, tomamos espacio que demuestra dominación. Cuando ponemos las manos detrás de nuestra cabeza y nos recostamos mostramos dominación. Hacemos esto de forma natural cuando tememos poder y también cuando nos sentimos poderosos en el momento. Cuando nos sentimos débiles, nos cerramos nos hacemos más pequeños. Cuando alguien demuestra poder en sus expresiones no verbales tendemos a no imitarlos para hacernos más pequeños. Vemos la demostración de poder en la comunicación verbal de alguien más y colapsamos nuestros cuerpos como respuesta. Esto parece relacionarse con el género. Las mujeres más probablemente tomaran menos espacio con su cuerpo que los hombres. Sin embargo, las poses de poder pueden ser muy beneficiosas para los que las utilizan.

¿Podría fingir llevar a sentirse más poderoso? La respuesta es sí.

Nuestra comunicación no verbal tiene influencia en cómo nos sentimos con nosotros mismos en una situación. Cuando te sientes poderoso lo más probable es que expandas tu lenguaje corporal. Es también cierto que si expandes tu lenguaje corporal (te esparces, tomas espacio) te sientes más poderoso. Los individuos poderosos tienden a sentirse seguros y más optimistas. Toman más riesgos. Psicológicamente hablando, los hombres alfa tienen altos niveles de testosterona y bajos niveles de cortisol. El poder no es solo acerca de la testosterona, pero también mayor resistencia al estrés por ende bajos niveles de cortisol en respuesta al estrés. El cambio de roles puede producir un cambio en la mentalidad y por ende en el lenguaje corporal.

Doblar los brazos, o encogerse y hacerse pequeño es una pose de poco poder. Esparcir tus hombros, inflar el pecho, etcétera, son poses de mucho poder. Los cambios hormonales configuran tu cerebro para ser reactivos al estrés y cerrarse o ser confiado y poderoso. Las poses de poder pueden cambiar tu vida en formas significativas. Las poses de poder pueden ser útiles cuando se hace un lanzamiento, se da un discurso, o yendo a una entrevista de trabajo.

Típicamente, antes de una entrevista de trabajo las personas se encorvarán, verán su teléfono, y cruzarán sus manos, etcétera. Esencialmente su lenguaje corporal se Vuelve pequeño. De acuerdo con los estudios investigativos, las personas con poses de poder antes de la entrevista fueron escogidos para el trabajo. Los factores que afectan si una persona será contratada o no incluye ser percibido (recuerda que la palabra operadora será percibido) como apasionado, confidente, entusiasta, autentico, cómodo, y cautivador. Podemos mostrar estos atributos a través del lenguaje corporal.

Literalmente Podemos cambiar nuestro humor, nivel de confianza y últimamente nuestra identidad si cambiamos nuestra comunicación no verbal.

Toma dos minutos antes de entrar en cualquier situación social, reunión profesional. Haz una pose de poder antes de la reunión. Si te sientes incomodo, abre tu lenguaje corporal de cualquier forma y mantenlo abierto para que puedas construir entendimiento y para que no te pierdas la oportunidad.

Ya sea en negocios, en el hogar, o en una relación, siempre pregúntate estoy demostrando ¿incomodidad o comodidad? Preguntante, la persona con la que estoy hablando se muestra ¿incomoda o cómoda? El enfocarte en esto te llevara a explorar asuntos que están escondidos, o a verificar la validez de las oraciones expresadas. Constantemente transmitimos información de nuestros pensamientos, intenciones, y sentimientos a través de respuestas límbicas. Generalmente los comportamientos que veras caerán en una de estas dos categorías (comodidad o incomodidad) por lo que podemos agradecer a esta parte emocional del cerebro: el sistema límbico.

Conclusión

Tus pensamientos se dejan ver en tu lenguaje corporal. Las personas son consiente e inconscientemente capaces de reconocer como te sientes respecto a ellos, cuanto te estas guardando, y si te agradan o no. Puedes cambiar tus pensamientos para que tu lenguaje corporal refleje naturalmente tu mentalidad o puedes ser consciente de los "indicadores" de tu lenguaje corporal para que muestres lo que quieres mostrar. El lenguaje corporal no puede solo cambiar la opinión de los demás acerca de ti, también puede afectar positivamente como te sientes sobre ti mismo dejándote más éxito tanto en tu vida romántica como profesional.

Ahora estas equipado con herramientas basadas en evidente para ayudarte a entender la psicología del lenguaje corporal, como usarlas en tu beneficio, y como mantener un lenguaje corporal adecuado para una ventaja en la vida.